- En cadeau -

LA VERSION AUDIO DU LIV

COMMENT ÇA MARCHE ?

1

Téléchargez l'app
Quelle Histoire

2

Déverrouillez
votre livre

3

Écoutez
votre histoire

Disponible sur App Store

DISPONIBLE SUR Google Play

- Collection -
THÉMATIQUES

Découvrez notre collection sur

www.quellehistoire.com

- Collection -
PERSONNAGES

Découvrez notre collection sur

www.quellehistoire.com

Quelle Histoire

Édition et conception : Unique Heritage Editions SAS. 141, boulevard Ney 75018 Paris
Illustrations : Bruno Wennagel, Mathieu Ferret, Claire Wortemann
Textes : Patricia Crété
Édition : Lara Gastellier, Leslie-Fleur Picardat
Direction artistique : Kagna Toung
Maquette : Marie Colas

Siège social : 141, boulevard Ney 75018 Paris

www.quellehistoire.com

Imprimé en France par l'Atelier Print - Toulouse

Dépôt légal février 2023

Loi n°49-956 du 16 juillet 1949 sur les publications destinées à la jeunesse

PEFC
10-31-2841

FABRIQUÉ EN FRANCE

Thomas Pesquet

Entre sciences et sports

Thomas Pesquet, l'homme qui a passé des mois dans l'espace et fait rêver les petits et les grands, est né le 27 février 1978 à Rouen, en Normandie. En grandissant, il devient un très bon élève. Avec une maman institutrice et un papa professeur de physique-chimie, Thomas évolue dans un milieu scientifique auquel il prend goût. En 1996, il obtient son baccalauréat scientifique au lycée de Dieppe, une ville qu'il admirera depuis l'espace : « C'est toujours un plaisir de la survoler et ça m'évoque beaucoup de souvenirs, notamment du lycée. » Mais c'est aussi un grand sportif : il pratique entre autres la natation, le basketball et le judo, dont il est même ceinture noire.

1978 - 1996

6

Une vocation : voler

Bien vite, sa vocation se dessine… « Je rêvais d'être astronaute et pilote de ligne quand j'étais petit, de porter l'uniforme, de voyager et de découvrir le monde », se souvient Thomas. Mais comment devient-on astronaute ? En fait, il n'y a pas de formation spécifique ; les astronautes ont souvent une formation scientifique, aéronautique ou militaire. Alors Thomas se concentre sur des études de pilote. Il obtient un diplôme d'ingénieur en aéronautique à Toulouse, part un an au Canada, à l'École polytechnique, puis rejoint une école de pilotage dans le nord de la France. Enfin, en 2006, le voilà pilote de ligne chez Air France. Quelle joie ! Mais l'espace l'attire toujours autant…

1997 - 2006

Pilote et astronaute

En 2008, Thomas apprend que l'ESA (Agence spatiale européenne) ouvre un concours pour recruter les astronautes qui séjourneront dans l'ISS, la Station spatiale internationale. Tu t'en doutes, il saute sur l'occasion ! Sur plus de 8 400 candidats, 6 seront choisis, dont Thomas, le seul Français et le plus jeune. Comment a-t-il fait pour être sélectionné ? Selon lui, c'est grâce à sa capacité à vivre et à travailler en équipe, des qualités indispensables à bord d'une station spatiale. Sa formation peut alors commencer... En plus des connaissances techniques à acquérir, il doit réapprendre les gestes du quotidien : se laver, manger, faire du sport... car c'est différent une fois en apesanteur !

2008 - 2016

Earth

Mission Proxima

Enfin, Thomas est prêt et va pouvoir embarquer pour son tout premier voyage interstellaire, en participant à la mission Proxima. Elle a pour but de faire avancer la connaissance du corps humain, bien utile pour améliorer notre qualité de vie sur Terre. Le 17 novembre 2016, à bord d'un vaisseau Soyouz, il décolle avec ses collègues, Peggy Whitson et Oleg Novitskiy, de la base de lancement russe de Baïkonour. Deux jours plus tard, ils s'amarrent à l'ISS pour un séjour de plus de six mois. Ils y retrouvent un Américain et deux Russes. Pour Thomas, 117 expériences scientifiques vont se succéder. Mais il ne fait pas que travailler…

Novembre 2016 - mai 2017

La vie à bord de l'ISS

Astronaute ultra-connecté, il partage son quotidien en direct avec le public sur les réseaux sociaux. On le voit jouer de son instrument préféré, le saxophone, suivre un match de rugby, ou bien cultiver des pousses de laitues. On participe à ses séances de sport quotidiennes et on le voit même fêter son 39e anniversaire ! Une navette lui apporte de la Terre des macarons, un dessert qu'il adore. Mais ce n'est pas tout... Il fait aussi des vidéoconférences dans les écoles depuis l'espace. Tu y as peut-être assisté ? Enfin, après 196 jours dans l'espace, la mission est terminée. Il est temps de rentrer sur Terre.

2016 - 2017

Un astronaute généreux

Le 2 juin 2017, Thomas atterrit dans les steppes du Kazakhstan. Les mois suivants, l'astronaute partage son émerveillement dans les journaux, à la télévision et dans les écoles… Il est devenu une véritable star ! Malgré sa nouvelle célébrité, il garde les pieds sur terre. Il reprend son poste de pilote et vole régulièrement, notamment pour l'ONG Aviation sans frontières, dont il est le parrain depuis 2019. Il livre des médicaments, des vivres, et organise des évacuations sanitaires, notamment en Centrafrique. L'aide humanitaire et la préservation de la Terre deviennent ses priorités. Et l'espace alors ?

2017 - 2021

AVIATIO
SANS FRONTIÈRE
F-OJJD

La mission Alpha

Il y retourne, le 23 avril 2021, mais cette fois-ci depuis Cap Canaveral, en Floride, aux États-Unis. De retour à bord de l'ISS pour la mission Alpha, qui durera six mois, il cohabite avec six autres astronautes : trois Américains, dont une femme, Megan McArthur, un Japonais et deux Russes. Et devine quoi ? Il va prendre la direction de tout l'équipage pendant le dernier mois de son séjour. C'est le premier Français commandant de bord ! Plusieurs dizaines d'expériences médicales sont effectuées, notamment l'étude des cellules du cerveau soumis au vieillissement accéléré dans l'espace. Mais il va aussi s'investir dans une cause qui lui tient à cœur, le développement durable…

Avril - novembre 2021

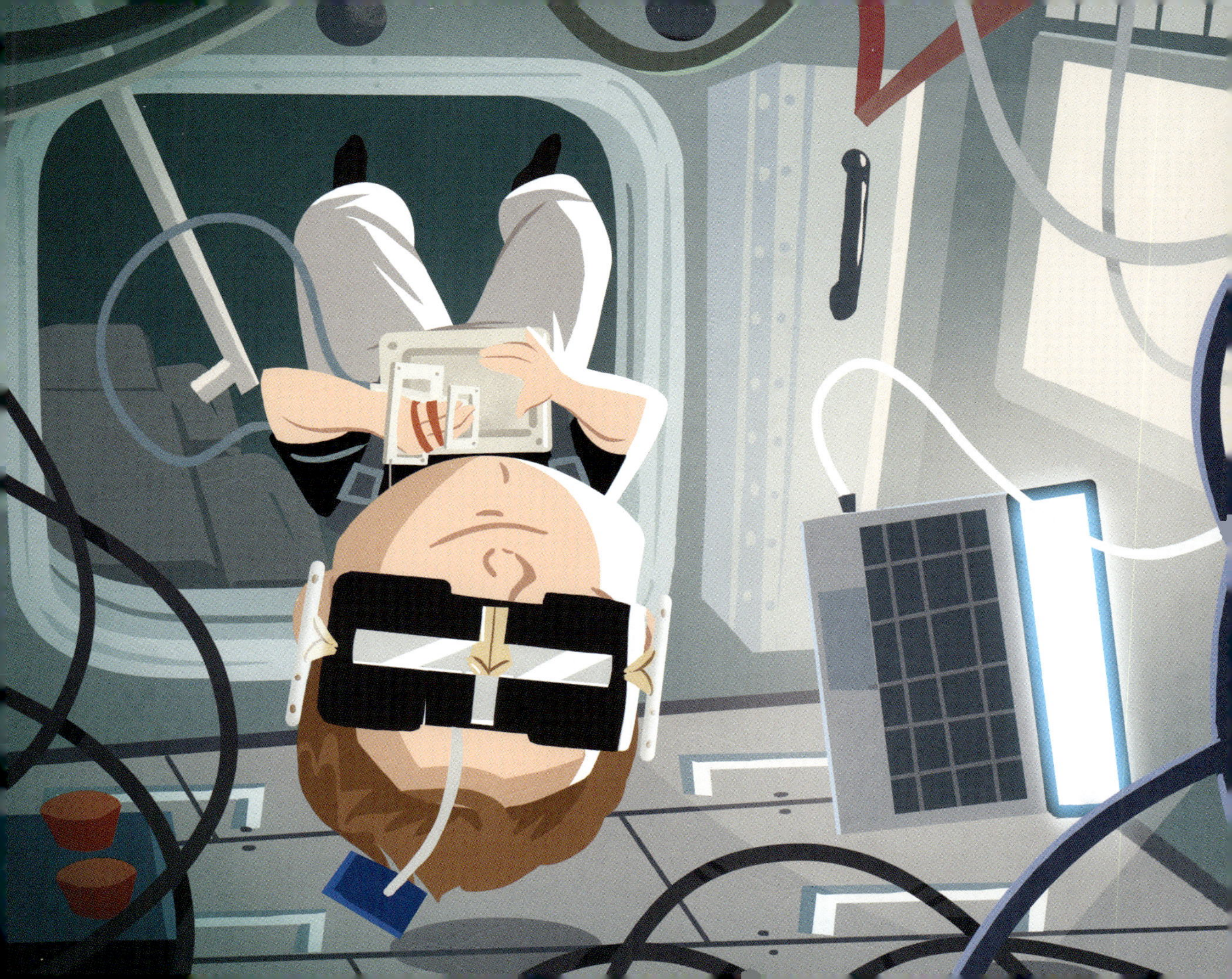

Le développement durable

Son engagement a commencé dès son départ de la Terre : pour atteindre l'ISS, il a voyagé dans Crew Dragon, la première capsule spatiale réutilisable. Ensuite, à bord de l'ISS, il fait des expériences sur les emballages en matériaux recyclables (qui serviront de compost) et même comestibles (avec des housses en pain d'épice) ! Ses sorties dans l'espace, quant à elles, sont destinées à installer des panneaux solaires, car « nous dépendons beaucoup trop des énergies fossiles, une ressource limitée et surexploitée », avait-il dit, en 2017, en survolant des terminaux pétroliers. La mission Alpha se termine le 9 novembre 2021, il amerrit au large des côtes de Floride.

Avril - novembre 2021

Un astronaute engagé

De retour sur Terre, Thomas est plus célèbre que jamais. Mais, loin de lui faire perdre la tête, sa notoriété lui permet d'aider les autres. Il publie la série de livres *Terre(s)*, qui regroupe de magnifiques photos prises durant son voyage dans l'espace, et reverse les bénéfices aux Restos du cœur. Il continue également de s'investir pour l'accès à l'eau potable dans tous les pays, pour l'aide médicale, notamment concernant les enfants nés avec des malformations cardiaques. Cet engagement humanitaire et écologique, il le partage avec sa compagne, Anne Mottet. Ingénieure elle aussi, son travail consiste à développer des cultures résistant aux changements climatiques.

2021 - 2022

THOMAS
EN DEDICACE
THOMAS PESQUET
esa
TERRE(S)

Projets d'avenir

Mais l'espace l'attire toujours autant. « Il est temps d'aller plus loin », déclare-t-il. Alors, il espère que l'Europe participera à la mission Artemis de la NASA, dont le but est d'emmener un équipage sur la Lune. Les premiers vols non habités se sont déroulés dès le mois de novembre 2022, pour préparer les trajectoires, et les vols habités sont programmés, actuellement, pour l'été 2024. Mais Thomas devra réussir la prochaine sélection, il n'y aura que quelques places pour les astronautes européens... Pourvu qu'il soit choisi et nous fasse rêver une nouvelle fois en partageant ses tout premiers pas sur la Lune, les premiers d'un Français !

Depuis 2022

1975

1978
Naissance de Thomas Pesquet à Rouen, le 27 février.

1996
Il obtient son baccalauréat scientifique à Dieppe.

2001
Il est diplômé de l'ISAE-SUPAERO de Toulouse et devient ingénieur en aéronautique.

2002-2004
Il travaille au CNES de Toulouse.

2006
Il devient pilote de ligne à Air France.

2009
Il est sélectionné par l'ESA pour devenir astronaute.

2010
Après un entraînement à Cologne, en Allemagne, il obtient son diplôme d'astronaute.

2016
Il décolle de Baïkonour, en Russie, pour la mission Proxima, le 17 novembre.

2017
Il revient sur Terre dans les steppes du Kazakhstan, le 2 juin.

2019
Pour ses 41 ans, il découvre sa statue de cire au musée Grévin, à Paris, le 27 février.

2019
Il est fait chevalier de la Légion d'honneur pour « services exceptionnels nettement caractérisés », le 14 juillet.

2019
Il devient parrain de l'ONG Aviation sans frontières en septembre.

2021
Il décolle de Cap Canaveral, aux États-Unis, le 23 avril, pour la mission Alpha, dont il devient le commandant de bord en octobre.

2021
Il revient sur Terre et amerrit au large de la Floride, le 9 novembre.

2024
Il espère faire partie de l'équipage des premiers vols habités en direction de la Lune.

2025

Le parcours de Thomas Pesquet

Légende de LA CARTE

1 Rouen (France)

C'est dans cette ville qu'est né Thomas. Après avoir obtenu son bac scientifique à Dieppe, il rejoint pour deux ans (1996-1997) le lycée Pierre-Corneille, à Rouen, en classe prépa. Le lycée, fier de cet ancien élève, a donné son nom à l'un de ses bâtiments. Un honneur !

2 Toulouse (France)

En 2001, Thomas est diplômé de l'ISAE-SUPAERO (Institut supérieur de l'aéronautique et de l'espace). Cette école est leader mondial dans l'ingénierie aérospatiale. Sa devise est : « L'excellence, passionnément », tout un programme !

3 Cologne (Allemagne)

L'EAC (Centre européen des astronautes) est installé dans cette ville depuis 1990. C'est le passage obligé pour les astronautes européens. Ils y ont des cours, comme l'ingénierie électrique, et se préparent pour leurs futures sorties dans l'espace.

4 Baïkonour (Kazakhstan)

Le cosmodrome russe y a été créé en 1956. On y lance des fusées, des satellites et des missiles. Le site ne se trouve pas en Russie : alors les Russes doivent payer un loyer aux Kazakhs. Thomas a décollé de là-bas en 2016 pour la mission Proxima.

5 Cap Canaveral (États-Unis)

Ce cap est appelé « *Space Coast* » (« Côte de l'Espace »), car on y trouve la base de lancement de Cap Canaveral, ainsi que le centre spatial Kennedy. C'est de là que sont propulsés la majorité des lanceurs américains. Thomas en a décollé en 2021.

6 Paris (France)

Depuis 2019, le musée Grévin expose une statue de cire de Thomas. D'après ses dires, il la trouve réussie : « C'est très bizarre de voir son jumeau, car c'est vraiment un jumeau : le visage, la coupe de cheveux, la combinaison... » Va donc l'admirer !

Jean-François Clervoy

(1958)

Recruté par l'Agence spatiale européenne (ESA) en 1992, il effectue trois missions dans l'espace entre 1994 et 1999. Il fait partie du jury qui a choisi Thomas Pesquet pour la mission Proxima de 2016.

Anne Mottet

(1978)

La compagne de Thomas Pesquet est ingénieure agronome. Elle travaille aujourd'hui à Rome, chargée par l'Organisation pour l'alimentation et l'agriculture (FAO) de rendre cultures et élevages plus écologiques.

Peggy Whitson

(1960)

Cette biochimiste américaine participe à la mission Proxima, aux côtés de Thomas Pesquet, expérimentant la culture de végétaux dans l'espace. Elle occupe le poste de commandant de bord quelques mois.

Akihiko Hoshide

(1968)

Lors de la mission Alpha, cet astronaute japonais participe aux premiers J.O. de l'espace alors que se déroulent à Tokyo les vrais J.O. Il remet à Thomas Pesquet un drapeau orné des anneaux olympiques et du slogan « Paris 2024 » !

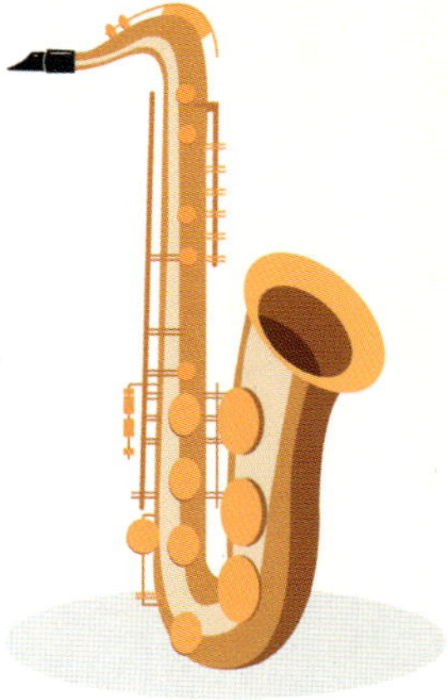

Un panier de basket

Enfant, Thomas rêvait d'être un joueur de basketball professionnel. « C'est ma passion. Si j'avais pu faire basketteur, j'aurais choisi ça. » Il avait la taille : 1,84 m, mais, finalement, c'est l'espace qui l'attira.

Un saxophone

Excellent musicien, Thomas voulait emporter son saxophone dans l'espace, mais celui-ci était trop lourd… Alors sa famille lui a envoyé en cargo spatial pour son anniversaire ! Il a ainsi pu jouer quelques airs à bord de l'ISS.

Un téléphone portable

Dès sa première mission, Thomas apparaît comme l'astronaute 2.0, le plus connecté de la planète ! Hyperactif, il partage son quotidien sur les réseaux sociaux avec ses plus de 2,5 millions d'abonnés !

La médaille de chevalier de la Légion d'honneur

Le 14 juillet 2019, Thomas reçoit cette distinction pour ses « services exceptionnels nettement caractérisés » en tant que spationaute et ambassadeur de l'aérospatiale auprès de la jeunesse.

Le jeu des

7 ERREURS

Trouve les 7 différences entre l'image de gauche et l'image de droite.

Solution : les cheveux, le trou, les câbles, le bouton, le fil, les dents, l'écusson.

Le jeu du LABYRINTHE

Aide Thomas Pesquet à trouver le chemin de son saxophone.

Solution : le bon chemin est le numéro 4.

Le jeu des OMBRES

Trouve la bonne ombre d'Anne Mottet.

Bonne réponse : l'ombre b.

Le jeu du

QUIZ

1. Quel sport adore Thomas Pesquet ?

   a. Le football
   b. Le basketball
   c. Le volleyball
   d. Le handball

2. En 2021, pour atteindre l'ISS, il a voyagé dans la capsule…

   a. Crew Dragon
   b. Crew Leviathan
   c. Crew Licorne
   d. Crew Kraken

3. De quel instrument a-t-il joué dans l'espace ?

   a. Du piano
   b. Du violon
   c. Du trombone
   d. Du saxophone

Bonnes réponses : 1.b / 2.a / 3.d.

- Collection -
BEAUX LIVRES

Découvrez notre collection sur

www.quellehistoire.com